Like www.facebook.com/myboshi

Handarbeit aus Deutschland

Myboshi steht nicht für irgendwelche Mützen von der Stange. Vielmehr verkörpern unsere Produkte von Anfang an Individualität und deutsche Handarbeit. Nach dem Motto „Deine Boshi zu deinem Style“ kann sich jedes Mitglied der Boshi-Gemeinde über seine selbst designte Häkelmütze ausdrücken. Egal ob Du deine Mütze vom 25-köpfigen myboshi-Häklerteam aus Oberfranken anfertigen lässt oder selbst die Häkelnadel schwingst, jedes Exemplar wird dank liebevoller Handarbeit immer einzigartig sein, genau wie Du!

Die Wolle vom Trendsetter...

original und exklusiv

112 senf | 113 löwenzahn | 115 avocado | 121 limettengrün | 122 grasgrün | 123 smaragd | 125 olive

139 himbeere | 151 himmelblau | 152 türkis | 153 ozeanblau | 154 petrol | 155 marine | 156 eisblau

172 ocker | 173 karamell | 174 kakao | 181 neonorange | 182 neonpink | 184 neongrün | 185 neongelb

Die Farben auf den Farbkarten können sich geringfügig von den tatsächlichen Garnfarben unterscheiden.

127 minze

131 orange

132 signalrot

134 chillirot

135 bordeaux

137 aprikose

138 magnolie

161 candy purpur

162 magenta

163 violett

164 brombeere

165 pflaume

171 beige

191 weiß

192 elfenbein

193 silber

194 titangrau

195 anthrazit

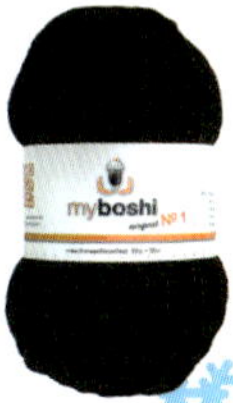
196 schwarz

Häkel - Grundanleitung

...immer locker bleiben

#1 Der Anfang

Bild 1: Den Faden um den Zeigefinger der linken Hand legen.
Bild 2: Im zweiten Schritt das Fadenende von vorne um den Daumen legen, damit eine Schlinge entsteht. In die Schlinge wird nun von unten mit der Häkelnadel eingestochen, der Arbeitsfaden mit dem Haken aufgenommen und nach unten durchgezogen. Nun den Daumen aus der Schlinge nehmen und das Fadenende anziehen. Fertig ist die erste Luftmasche!
Darauf achten, dass der Arbeitsfaden auf der Nadel bleibt, wenn man diese durch die Daumenschlinge zieht.

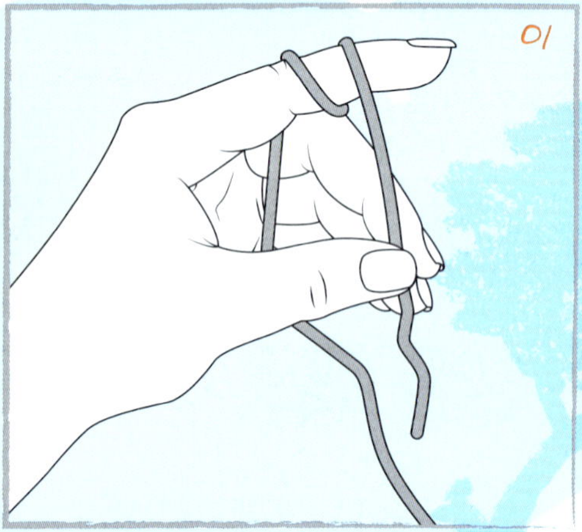

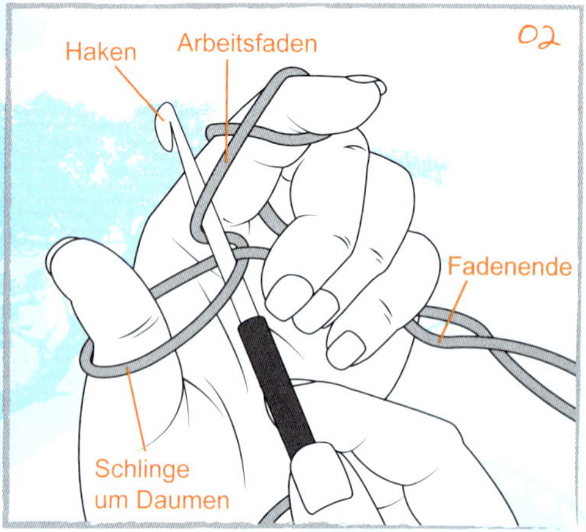

Bild 3:
Den Arbeitsfaden um die Finger der linken Hand legen. Dies reguliert die Fadenspannung während des Häkelns. Hält man die Finger fest zusammen, läuft der Faden schwerer. Bei lockerer Haltung gleitet er leicht hindurch.

Bild 4:
Die erste Schlinge mit dem Daumen und Mittelfinger festhalten und den Faden durch die Schlinge ziehen.

Bild 5:
Fortan wiederholen bis die gewünschte Anzahl an Luftmaschen erreicht ist. Immer wieder mit dem Daumen und Mittelfinger, die als „Maschenhalter" dienen, nachrücken, damit genug Spannung auf der immer länger werdenden Luftmaschenkette liegt.

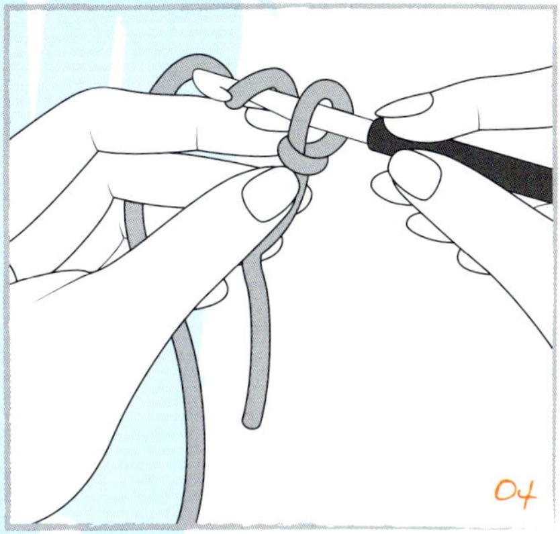

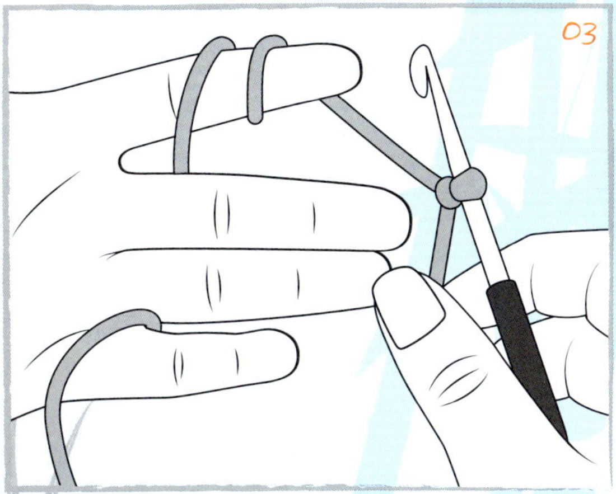

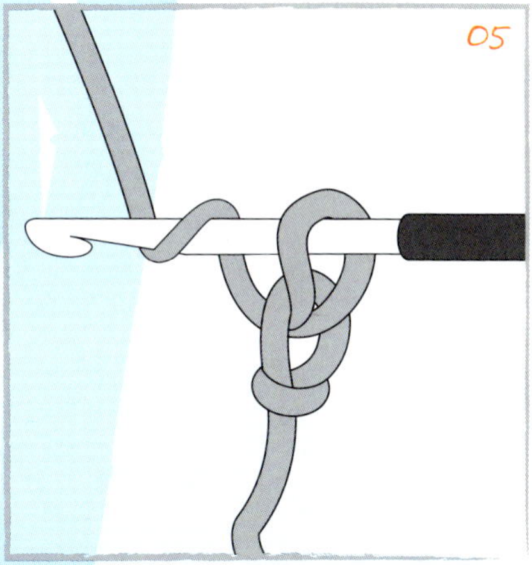

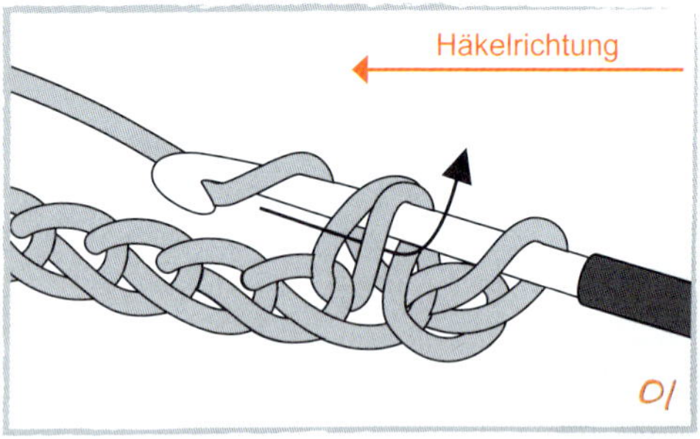

#2 Die feste Masche

Mit der Häkelnadel in die nächste Masche einstechen und den Faden durch diese holen. Wichtig dabei ist, dass 2 Schlingen der Masche über der Nadel liegen und sich eine Schlinge unter der Nadel befindet.

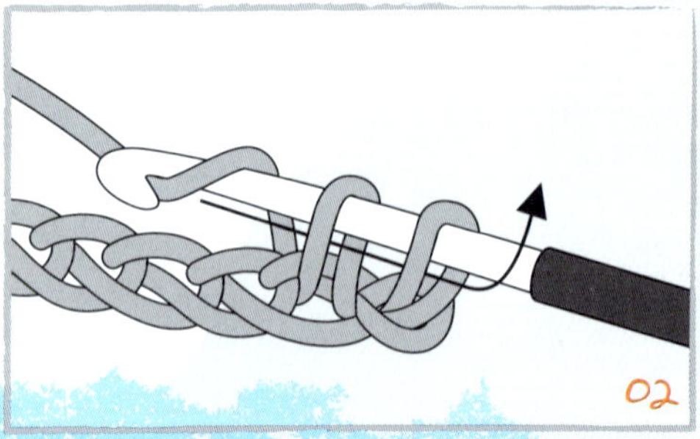

Es befinden sich nun 2 Schlingen auf der Nadel. Den Faden wieder mit der Nadel aufnehmen (das nennt man auch Umschlag) und durch diese beiden Schlingen ziehen.
Fertig ist die erste feste Masche!

In die nächste Masche einstechen und den Faden durch die Schlinge ziehen. Es befinden sich wieder 2 Schlingen auf der Nadel. Faden mit der Nadel aufnehmen und wieder durch beide Schlingen ziehen.

#3 Das halbe Stäbchen

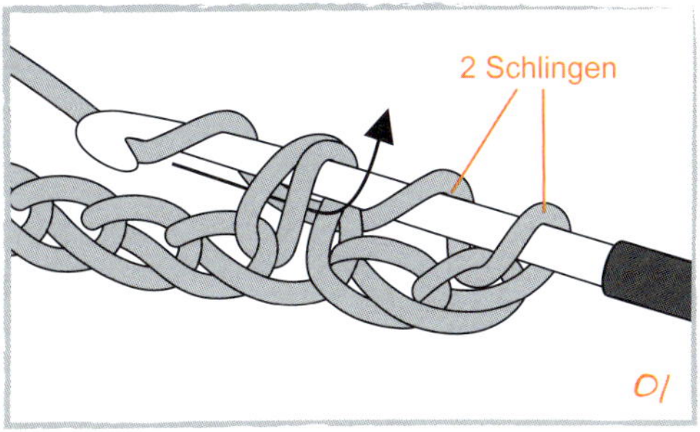

Vor dem Einstechen in die nächste Masche wird der Faden einmal um die Häkelnadel gelegt. So liegen vor dem Einstechen schon 2 Schlingen auf der Nadel. Nun in die Masche einstechen, den Faden aufnehmen und durch diese Masche hindurchziehen.

Es liegen nun 3 Schlingen auf der Häkelnadel. Faden erneut aufnehmen und durch alle 3 Schlingen ziehen.

Nun ist das erste halbe Stäbchen fertig! Fortan wiederholen.

#4 Das einfache Stäbchen

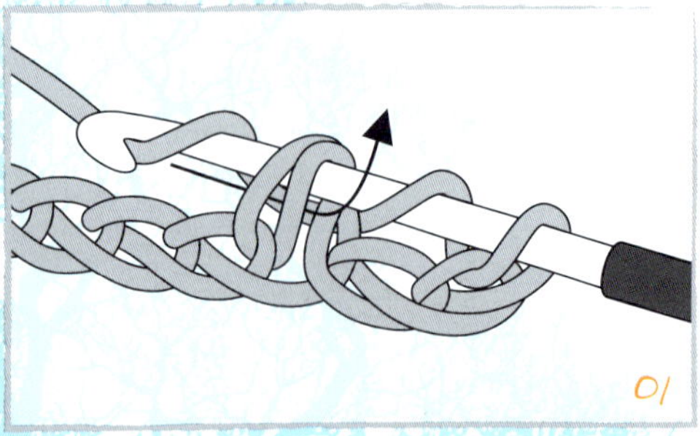

Faden vor dem Einstechen in die Luftmasche einmal um die Nadel legen (einen Umschlag machen). In die Masche einstechen und den Faden durch diese hindurchziehen. Es liegen nun 3 Schlingen auf der Häkelnadel.

Faden mit der Nadel aufnehmen und durch die ersten beiden auf der Nadel liegenden Schlingen ziehen. Es liegen nun 2 Schlingen auf der Häkelnadel.

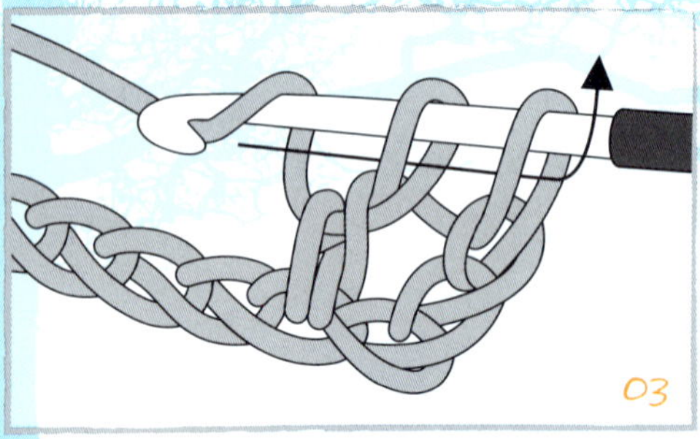

Faden wieder mit der Nadel aufnehmen und durch die beiden noch auf der Nadel liegenden Schlingen ziehen. Fertig ist das erste Stäbchen! Fortan wiederholen.

#5 Die Kettmasche

Mit der Häkelnadel in die Masche einstechen, den Faden aufnehmen und durch die bereits auf der Nadel liegende Schlinge ziehen.

Den Vorgang fortan wiederholen. Kettmaschen werden oft am Ende einer Häkelarbeit als Umrandung dieser verwendet.

Der Anfang einer Boshi

Zu Beginn werden 4 Luftmaschen angeschlagen und mit einer Kett- und Luftmasche zu einem Ring geschlossen.

Siehe Bild 1 - 5.

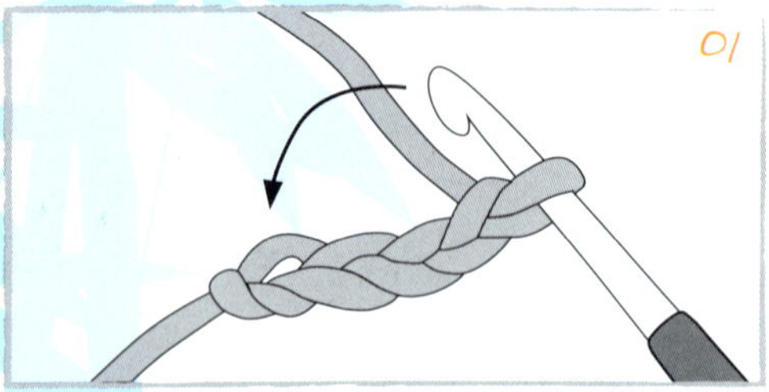

Luftmaschenkette mit 4 Luftmaschen.

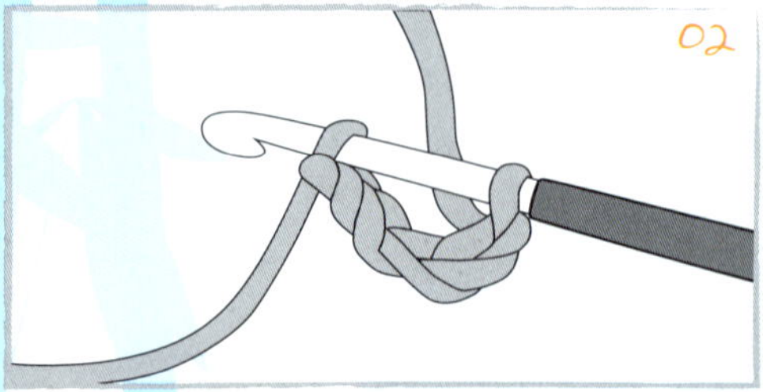

In die 1. Luftmasche der Kette einstechen.

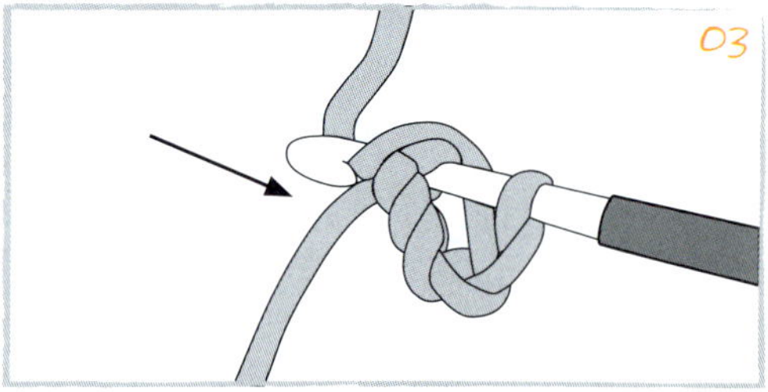

Arbeitsfaden mit der Nadel holen und durch die 1. Luftmasche ziehen.

So sieht es aus, wenn der Arbeitsfaden durch die 1. Luftmasche gezogen wird. Was jetzt auf der Nadel liegt, ist die Kettmasche.

Nun den Arbeitsfaden erneut auf die Nadel nehmen (= Umschlag machen) und durch die Kettmasche ziehen.

Die erste Runde

(1. Farbe = 11 halbe Stäbchen)

Beispiel: halbe Stäbchen im Anfangsring.

Siehe Bild 1 - 5.

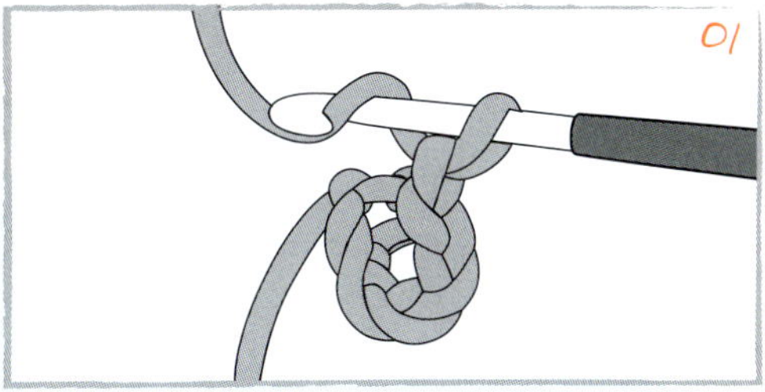

Einen Umschlag von unten um die Nadel machen.

Mit der Nadel in den Anfangsring einstechen, dann von unten den Arbeitsfaden auf die Nadel holen und durch die Einstichstelle ziehen.

Arbeitsfaden wieder von unten mit der Nadel holen und durch alle 3 Schlingen ziehen.

Fertig ist das erste halbe Stäbchen.

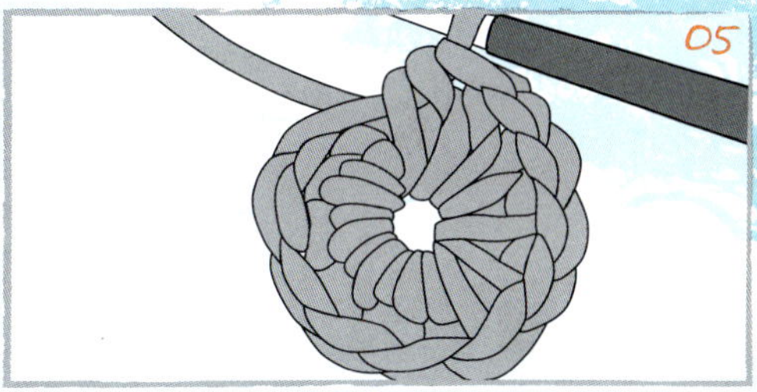

Hier siehst du alle 11 halben Stäbchen im Anfangsring.

Gifu

legere und warm

Die Boshi Gifu ist eine etwas längere Mütze im Colourblocking Style. Mit 4 verschiedenen Farben (F1, F2, F3, F4) in großen Blöcken gehäkelt ist die Mütze ein farbenfrohes Objekt, das jeder gerne trägt!

Häkelnadel: 6,0 mm von myboshi
Material: myboshi Wolle No.1 - 20 g F1, 30 g F2, 40 g F3, 40 g F4
Farben: F1 (magenta), **F2** (limettengrün), **F3** (petrol), **F4** (signalrot)
oder: F1 (türkis), **F2** (weiß), **F3** (türkis), **F4** (weiß)
Farben sind auch frei wählbar!!!
Maschenprobe: 10 x 10 cm = 12 halbe Stäbchen x 8 Reihen
Kopfumfang: Größe M (52 - 56 cm), Größe L (57 - 60 cm)

Farbfolge

Für Größe M:

F1:	1. Rd – 6. Rd
F2:	7. Rd – 12. Rd
F3:	13. Rd – 18. Rd
F4:	19. Rd – 23. Rd
F4:	24. Rd: Abschlussrunde/Rückrunde

Hier wird in die entgegengesetzte Richtung mit festen Maschen gehäkelt.

Für Größe L:

F1:	1. Rd – 7. Rd
F2:	8. Rd – 13. Rd
F3:	14. Rd – 19. Rd
F4:	20. Rd – 24. Rd
F4:	25. Rd: Abschlussrunde/Rückrunde

Anmerkungen zur detaillierten Häkelanleitung

(weiter auf der nächsten Seite)

Anfang oben: gilt für Größe M und L

4 Luftmaschen anschlagen und zu einer Runde schließen. Dabei in die erste Luftmasche einstechen und mit einer Kettmasche zu einem kleinen Kreis schließen. Anschließend eine Luftmasche häkeln.

Runden werden immer mit 1 Kettmasche geschlossen auf die noch 1 Luftmasche gesetzt wird, um einen Versatz beim Farbwechsel zu vermeiden. (Kettmasche fest anziehen, Luftmasche ein bisschen lockerer lassen).

Solltest du dir schwer tun die Luftmasche zu erkennen, kannst du sie mit einer Sicherheitsnadel kennzeichnen.

Fortan wird nun mit halben Stäbchen gearbeitet, die hier als „Maschen" bezeichnet werden.

Anleitung ür Größe M. (Größe L ist 4 Maschen breiter im Umfang und eine Runde länger!) Das Fettgedruckte/Kursive ist nur für Größe L zu beachten!

Detaillierte Häkelanleitung
Gifu - legere und warm

Anleitung für Größe M (Größe L ist 4 Maschen breiter im Umfang und eine Runde länger!)
Das Fettgedruckte/Kursive ist nur für Größe L zu beachten!

Farbe	Runde	Beschreibung	Anzahl Maschen in Rd
F1	1. Rd	in den Kreis vom Anfang 11 Maschen arbeiten.	11
F1	2. Rd	jede Masche doppeln, d.h. 2 Maschen in eine arbeiten	22
F1	3. Rd	2 Maschen einfach häkeln, 1 Masche doppeln	29
F1	4. Rd	3 Maschen einfach häkeln, 1 Masche doppeln,	36
F1	5. Rd	4 Maschen einfach häkeln, 1 Masche doppeln	43
F1	6. Rd	5 Maschen einfach häkeln, 1 Masche doppeln	50
F1	***7. Rd***	***11 Maschen einfach häkeln, 1 Masche doppeln***	***54***
F2	ab 7. Rd	jede Masche einfach häkeln	50
F2	***ab 8. Rd***	***jede Masche einfach häkeln***	***54***
...		...	
F4	23. Rd	jede Masche einfach häkeln	50
F4	***24. Rd***	***jede Masche einfach häkeln***	***54***
F4	24. Rd	Rückrunde: es wird nun eine feste Maschenreihe nach rechts gehäkelt. Dazu einfach die Boshi umdrehen. Ende für Größe M	50
F4	***25. Rd***	***Rückrunde: es wird nun eine feste Maschenreihe nach rechts gehäkelt. Dazu einfach die Boshi umdrehen. Ende für Größe L***	***54***

Tipp: Darauf achten, dass nach der 6. Rd bzw. bei Größe L nach der 7. Rd die Farbe wechselt! Dazu den Endfaden der neuen Farbe nach ca. 15cm abschneiden, damit dieser am Ende gut vernäht werden kann.

myboshi
myboshi

Suita
mondäner Style

Die Boshi Suita ist eine geringelte Mütze und durch ihre 3 Farben auch eine bunte Angelegenheit für jeden Kopf. Die 3 Farben wechseln sich stets in jeder Runde ab.

Häkelnadel: 6,0 mm von myboshi
Material: myboshi Wolle No.1 - 30 g F1, 30 g F2, 30 g F3
Farben: F1 (limettengrün), **F2** (anthrazit), **F3** (schwarz)
oder: F1 (bordeaux), **F2** (orange), **F3** (weiß)
Farben sind auch frei wählbar!!!

Maschenprobe: 10 x 10 cm = 12 halbe Stäbchen x 8 Reihen
Kopfumfang: Größe M (52 - 56 cm), Größe L (57 - 60 cm)

Farbfolge gilt für Größe M und L

F1: 1. Rd 4. Rd 7. Rd 10. Rd 13. Rd 16. Rd

F2: 2. Rd 5. Rd 8. Rd 11. Rd 14. Rd 17. Rd
(17. Rd. ist die Abschlussrunde bei Größe M)

F3: 3. Rd 6. Rd 9. Rd 12. Rd 15. Rd 18. Rd
(18.Rd ist die Abschlussrunde bei Größe L)

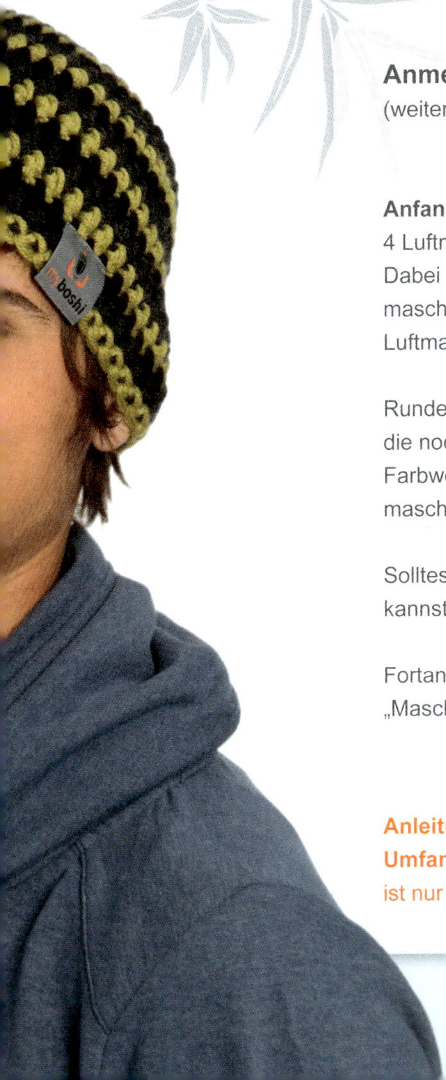

Anmerkungen zur detaillierten Häkelanleitung

(weiter auf der nächsten Seite)

Anfang oben: gilt für Größe M und L
4 Luftmaschen anschlagen und zu einer Runde schließen. Dabei in die erste Luftmasche einstechen und mit einer Kettmasche zu einem kleinen Kreis schließen. Anschließend eine Luftmasche häkeln.

Runden werden immer mit 1 Kettmasche geschlossen auf die noch 1 Luftmasche gesetzt wird, um einen Versatz beim Farbwechsel zu vermeiden. (Kettmasche fest anziehen, Luftmasche ein bisschen lockerer lassen).

Solltest du dir schwer tun die Luftmasche zu erkennen, kannst du sie mit einer Sicherheitsnadel kennzeichnen.

Fortan wird nun mit halben Stäbchen gearbeitet, die hier als „Maschen“ bezeichnet werden.

Anleitung für Größe M (Größe L ist 4 Maschen breiter im Umfang und eine Runde länger!) Das Fettgedruckte/Kursive ist nur für Größe L zu beachten!

Detaillierte Häkelanleitung

Suita - mondäner Style

Anleitung für Größe M (Größe L ist 4 Maschen breiter im Umfang und eine Runde länger!)
Das Fettgedruckte/Kursive ist nur für Größe L zu beachten!

Farbe	Runde	Beschreibung	Anzahl Maschen in Rd
F1	1. Rd	in den Kreis vom Anfang 11 Maschen arbeiten	11
F2	2. Rd	jede Masche doppeln, d.h. 2 Maschen in eine arbeiten	22
F3	3. Rd	2 Maschen einfach häkeln, 1 Masche doppeln	29
F1	4. Rd	3 Maschen einfach häkeln, 1 Masche doppeln	36
F2	5. Rd	4 Maschen einfach häkeln, 1 Masche doppeln	43
F3	6. Rd	5 Maschen einfach häkeln, 1 Masche doppeln	50
F1	***7. Rd***	***11 Maschen einfach häkeln, 1 Masche doppeln***	***54***
		Achtung! Farbfolge beachten	
F1	7. Rd	jede Masche einfach häkeln	50
F2	ab 8. Rd	jede Masche einfach häkeln	50
F3	***ab 9. Rd***	***jede Masche einfach häkeln***	***54***
...		...	
F2	16. Rd	Rückrunde/Abschlussrunde mit festen Maschen	50
F3	***17. Rd***	***Rückrunde/Abschlussrunde mit festen Maschen***	***54***

Tipp: Weil bei jeder Runde die Farbe wechselt, die 3 Farbknäuel nebeneinander hinlegen und nach jeder Runde das gerade verwendete Farbknäuel in der Reihe nach hinten legen. Die Fäden der einzelnen Farben NICHT nach jeder Runde abschneiden, einfach hängen lassen und wieder aufnehmen, wenn die Farbe wieder an der Reihe ist.

myboshi

Okinawa

warme Ohren

Das Okinawa Stirnband ist kein Frisurenzerstörer und macht herrlich warme Ohren. Seine 3 Farben (F1, F2, F3) machen es auch zu einem sehr lebendigen Hingucker.

Das Stirnband ist nach dem etwas kniffligen Anfang super schnell gemacht!

Häkelnadel: 6,0 mm von myboshi
Material: myboshi Wolle No.1 - 20 g F1, 20 g F2, 20 g F3
Farben: **F1** (marine), **F2** (ocker), **F3** (ozeanblau)
oder: **F1** (limettengrün), **F2** (pflaume), **F3** (beige)
Farben sind auch frei wählbar!!!

Maschenprobe: 10 x 10 cm = 12 halbe Stäbchen x 9 Reihen
Kopfumfang: Größe M (52 - 56 cm), Größe L (57 - 60 cm)

Anmerkungen zur detaillierten Häkelanleitung

(weiter auf der nächsten Seite)

Anleitung:

Bevor es los geht: 5 m vom Fadenende aus abmessen und dort mit der Anfangsluftmasche beginnen. Dies dient später nochmal für eine Abschlussrunde, denn das Stirnband besitzt oben und unten einen Abschluss! Am besten diese 5 m aufwickeln und festknoten, damit sie beim ständigen Drehen des Stirnbands nicht stören.

Ab der 2. Runde wird mit halben Stäbchen gearbeitet, die als „Maschen“ bezeichnet werden.

Anleitung für Größe M und Größe L.

Die detaillierte Anleitung folgt auf der nächsten Seite.

Detaillierte Häkelanleitung
Okinawa - warme Ohren

Farbe	Runde	Beschreibung
F1	1. Rd	Größe M 50 (Größe L 52) doppelte Luftmaschen anschlagen

Doppelte Luftmasche: zur Anfangsluftmasche 2 Luftmaschen anschlagen. Mit dem „Maschenhalter" den Anfangsknoten ein bisschen nach oben drehen. In die erste der beiden Luftmaschen stechen, dabei darauf achten: 2 Schlingen sind über der Nadel und 1 Schlinge unter der Nadel; den Arbeitsfaden durch diese ziehen, nochmals den Arbeitsfaden auf die Nadel nehmen und durch beide Schlingen, die auf der Nadel liegen hindurchziehen. Nun hat man den Anfangsknoten auf der linken Seite und die Nadel rechts. Es sind 2 Schlingen sichtbar. Ab sofort immer in die linke Schlinge stechen und eine feste Masche bilden. Bei diesem Vorgang das Gebilde leicht nach rechts drehen, dann geht's einfacher! Die Luftmaschenkette nun mit einer Kettmasche in F1 zur Runde schließen.

F2	2. Rd	Maschen häkeln
F3	3. Rd	Maschen häkeln
F3	4. Rd	Maschen häkeln
F1	5. Rd	Maschen häkeln
F3	6. Rd	Maschen häkeln
F3	7. Rd	Maschen häkeln
F2	8. Rd	Maschen häkeln
F1	9. Rd	Maschen häkeln
F1	10. Rd	Rückrunde/Abschlussrunde mit festen Maschen häkeln

Anschließend den Faden von F1 abschneiden und zum 5m langen Faden am Stirnbandanfang zurückkehren. Dies wird jetzt genau wie die 10. Rd in die entgegengesetzte Richtung mit festen Maschen gehäkelt.

Tipp: Alle Runden werden mit 1 Kettmasche und 1 Luftmasche der nächstfolgenden Rundenfarbe geschlossen!

myboshi

Viel Spaß beim Ausprobieren...

M
Prym
6
myboshi
myboshi_PRYM_6
myboshi
. . . empfiehlt Häkelnadeln von Prym.
myboshi_PRYM_6
Prym
Alles gelingt.
www.prym-consumer.com

Impressum
und Danke...

Wir danken der Firma H&W (www.hw-vertrieb.de) für das Bereitstellen der Wolle.

Impressum Angaben
Entwürfe: myboshi GmbH
Fotos: PAULA BARTELS FOTODESIGN, Helmbrechts
Gestaltung: Designbüro Knüpfer, Konradsreuth
Druck: Wünsch Offset-Druck GmbH, Neumarkt

2. Auflage

ISBN: 978-3-944778-01-3

H&W
Comfort - Wolle
GbR

...noch nicht genug?

Hier gibt es weitere Ideen zum Häkeln.

myboshi mützenundmehr
112 Seiten
ISBN 978-3-7724-6783-7

myboshi mützenmacher
96 Seiten
ISBN 978-3-7724-6753-0

myboshi drinnen&draussen
112 Seiten
ISBN 978-3-7724-6333-4

Wird meine Boshi zu eng, dann einfach locker bleiben oder mit einer größeren Nadelstärke probieren.